Le Trésor

DES

CALLIGRAPHES

ILLUSTRATEURS

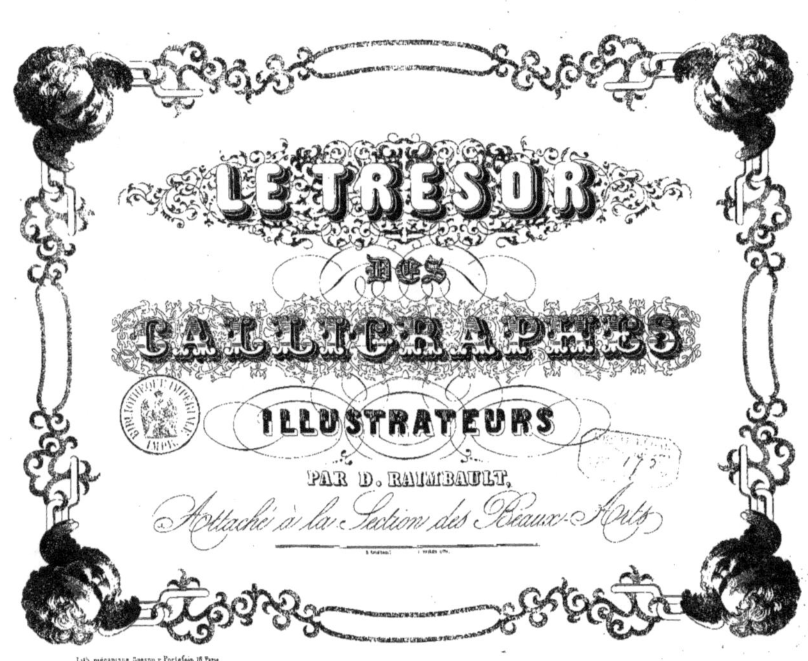

Lith. mécanique Susons r. Portefoin. 16. Paris.

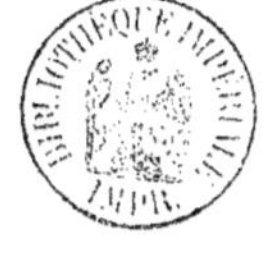

Extrait de la lettre écrite à l'auteur
par le Directeur des Beaux-Arts.

Paris, le 2 Juillet 1850.

Monsieur, je m'empresse de vous annoncer que,
sur ma proposition, M. le Ministre de l'Intérieur
vient de décider qu'il serait souscrit pour son
Département, à Cent Exemplaires du prix de
douze francs, de l'Ouvrage que vous devez publier
sous le titre de : Le Trésor des Calligraphes
illustrateurs ; un volume in-folio divisé en
six livraisons.

Je me félicite d'avoir pu, en cette occasion,
mettre sous les yeux de M. le Ministre, vos
titres à la bienveillance de l'Administration.

Recevez, Monsieur, l'assurance de
ma considération.

Le Directeur des Beaux-Arts,

Signé L. de Guizard.

Monsieur D. Raimbault, Artiste calligraphe

ALPHABETS

Première et Troisième Parties.

Nous aurions voulu dans une Préface, traiter in extenso, de la Calligraphie, en général, parler du but de cet ouvrage; et entrer dans des détails plus explicites sur nos procédés théoriques-pratiques, mais débordé par la matière, nous avons été forcé de resserrer notre cadre et d'ajourner notre projet. *

Ce que nous dirons pour les 2e, 4e, 5e, et 6e parties, suffira parfaitement aux personnes qui emploieront les matériaux qu'elles renferment. Quant aux 1re et 3e (celles dont il est question ici,) nous nous contenterons de quelques avis.

Après avoir choisi les types qui conviennent le mieux au texte à exécuter, il suffit de tirer sur le papier végétal, une ligne horizontale que l'on fera coïncider avec celle qui se trouve à la base de la plupart des Alphabets; décalquer avec un crayon Walter No. 1, chacune des lettres dont on a besoin pour composer les mots; coupez les en deux parties égales après avoir, au préalable, chargé le verso de crayon; appliquer cette ligne sur une semblable tracée sur le papier, puis décalquer; après avoir arrêté les contours le plus correctement possible, on passe les traits à l'encre de Chine. Pour ce qui est de l'ornementation; encoignure, vignette ou trait de plume, choisissez ceux qui conviennent le mieux à la composition, procédez de la même manière; et une fois complètement terminé, nettoyez votre travail avec de la mie de pain rassise.

* Le nombre primitif de pages devait être de 40 environ, il dépassera 46.

Lith. mécanique Gueraux r. Fortefoir. 16 Paris.

A B C D E F G H I J K L

M N O P Q R S T U V

W X Y Z

abcdefghijklmnopqrstuvwxyz

A abcdefghijklmnopqrstuvwxyz

1234567890.

D. Raimbault.   Lith. mécanique Gueane r. Portefoin, 16, Paris.   1ère PARTIE, N° 1.   J. Chrétien, Lé…

ABCDEFGHIJKLMNOPQRSTUVWXYZ

abcdefghijklmnopqrstubwxyz

ABCDEFGHIJKLMNOPQRSTUVWXYZÆŒ

ABCDEFGHIJKLMNOPQRSTUVWXYZÆŒ
abcdefghijklmnopqrstuvwxyzæœ.

ABCDEFGHIJKLMNOPQRSTUVWXYZ

ABCDEFGHIJKLMNOPQRSTUVWXYZÆŒ.

abcdefghijklmnopqrstuvxyzæœ.

ABCDEFGHIJKLMNOPQRSTUVWXYZÆŒ

abcdefghijklmnopqrstuvwxyzæœ

D. Raimbault.   Lith. mécanique Gueanu : Portefoin 16. Paris   1ère PARTIE. N° 2.   J. Chrétien, Lith.

ABCDEFGHIJKLMNOPQ
RSTUVXYZ

ABCDEFGHIJKLMNOPQRSTUVWXYZ

abcdefghijklmnopqrstuvwxyz&

AABCDEEFGHBIJKLL
MNOPPQ2RSTUVWXYZ

abcdeffghijklmnoppqrzstuvwxyz

AABCDEEFGHBIJKLLMNOPPQ2RSTUVWXYZ

abcdeffghijklmnoppqrzstuvwxyz

D. Raimbault.   Lith. mécanique Guesnu r. Portefoin, 16, Paris.   1ère PARTIE. Nº 3.   J. Chrétien, Lith.

ABCDEFGHIJKLMNOP
QRSTUVXYZ &

ABCDEFGHIJKLMNOPQRSTUVXYZ 1234567890

ABCDEFGHIJKLMNO
PQRSTUVWXYZÆŒ

ABCDEFGHIJKLMNOPQRSTUVXYZ

ABCDEFGHIJKLMNOPQ
RSTUVXYZWÆŒ

D. Raimbault.　　　1ʳᵉ PARTIE. N° 4.　　　Destez Lith.

ABCDEFGHIJ

KLMNOPQRS

TUVWXYZÆŒ

abcdefghijklmno

pqrstuvwxyzæœ

ABCDEFGHI
KLMNOPQRST
UVWXYZ

D. Raimbault.   Lith. mécanique Guesnu v. Portefoin, 16. Paris.   1ʳᵉ PARTIE Nº 6.   J. Chrétien lith.

abcdefghijklmnopqrst
uvwxyzæœ
ABCDEFGHIJKLMNOPQRST
UVWXYZ
abcdefghijklmnopqrstuvwxyzæœ

D. Rambault.   Lith. mécanique Guerre r. Portefoin, 16, Paris.   2e PARTIE. N°7.   J. Chrétien, Lith.

ABCDEFGHIKLMNOPQRST
UVWXYZ
abcdefghijklmnopqrstuvwxyzæœ

ABCDEFGHIKLMNOPQRSTUVWXYZ
abcdefghijklmnopqrstuvwxyz

ABCDEFGHIKLMNOPQRSTUVWXYZ
abcdefghijklmnopqrstuvwxyz

ABCDEFGHIJKLMNOPQRSTUVWXYZ

ABCDEFGHIJKLMNOPQ
RSTUVWXYZ

ABCDEFGHIJKLMNOPQ
RSTUVWXYZ

ABCDEFGHIJKLMNOPQRSTUVWXYZ
abcdefghijklmnopqrstuvwxyz

ABCDEFGHIJKLMNOPQRSTUVWXYZ

D. Raimbault.   Lith. mécanique Guenu r. Portefoin, 16. Paris.   1ère PARTIE, N° 9.   J. Chrétien Lith.

ABCDEFGHIJKLMNOPQ
RSTUVWXYZ

ABCDEFGHIJKLMNO
PQRSTUVWXYZÆŒ

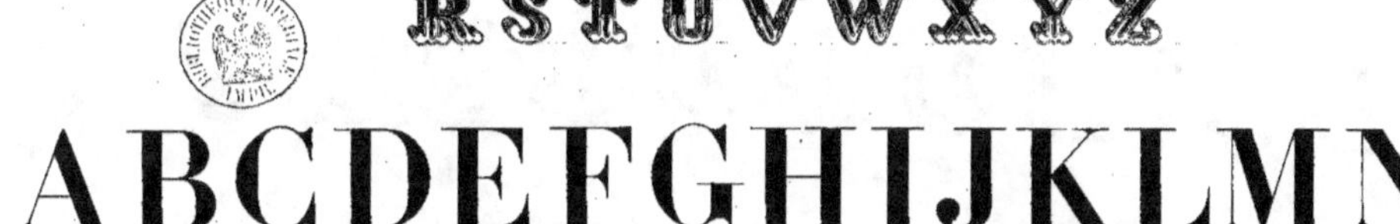

ABCDEFGHIJKLMNOPQRSTUVWXYZÆŒ

abcdefghijklmnopqrstuvwxyzæœ

ABCDEFGHIJKLMNOPQRSTUVWXYZÆŒ

ABCDEFGHIJ
KLMNOPQRSTUV
WXYZÆŒ

ABCDEFGHIJKLMNOPQRS
TUVWXYZÆŒ

ABCDEFGHIJKLMNOPQRSTUVWXYZ abcdefghijklmnopqrstuvwxyz

1ère PARTIE. N° 11.

D. Raimbault.   Lith. mécanique Goezau r. Portefoin, 16. Paris.   J. Chrétien Lith.

ABCDEFGHIJKLMNOPQRSTUVWXYZ

abcdefghijklmnopqrstuvwxyz

ABCDEFGHIJKLMNOPQRSTE
UVWXYZ

abcdefghijklmnopqrstuvwxyz æœ

ABCDEFGHIJKLMNOPQRSTUVWXYZ

abcdefghijklmnopqrstuvwxyz &

ABCDEFGHIJKLMNOPQRSTUVWXYZ

abcdefghijklmnopqrstuvwxyz &

D. RAINBAULT SCRIP.   Lith. mécanique Gueneu r. Portefoin, 16. Paris.   1re PARTIE No 19.   J. VUARIN LITH.

ENCOIGNURES ET FILETS GRECS

D. Raimbault.   Lith. mécanique Gusseau r. Portefoin 16. Paris.   2ᵉ PARTIE

Deuxième Partie

Les encoignures et les filets grecs de cette partie ont été calculés de manière que les quatre côtés de chacun d'eux étant réunis, ils se joignent avec une précision géométrique et forment un tout harmonié.

Après avoir tracé sur votre papier une figure semblable à la première de la page suivante, vous placez sur l'encoignure ou le filet que vous voulez copier, un morceau de papier végétal sur lequel vous avez, au préalable, tracé un angle droit à l'équerre, et, après avoir calqué votre modèle avec un crayon N° 1, en faisant coïncider les lignes de vos angles avec celles tracées sur votre papier à dessin, vous obtenez une reproduction exacte de l'esquisse, à l'aide d'un **décalquoir** [1] dont vous passez la pointe sur vos contours en appuyant un peu, vous opérez ainsi pour les trois autres, puis vous réunissez vos lignes et rectifiez au crayon N° 2, celles qui sont incorrectes, peu marquées ou égarées, et vous les passez à l'encre de Chine en vous pénétrant du modèle.

Nous conseillons de décalquer sur la première esquisse faite sur papier végétal, et après l'avoir bien arrêtée, les autres encoignures ou filets. On aura soin de mettre le côté le plus long, dans le sens vertical. (c'est, du reste, le sens le plus ordinaire.)

Afin d'éviter des tâtonnemens, nous avons indiqué par des lignes, les endroits où il fallait couper certaines encoignures, lorsqu'on aura besoin de les allonger.

Ces procédés sont tellement simples, surtout pour les personnes qui savent un peu manier une plume ou un crayon (et c'est principalement à elles que notre ouvrage s'adresse), que nous avons cru inutile de donner de plus longues explications.

Quant à l'effet produit par la réunion des quatre côtés, on s'en fera une idée nette en jetant un coup d'œil sur l'ornementation de nos titres, qui n'a point été répétée ici afin d'avoir le plus de matériaux possible.

Lith. mécanique Gueunu r. Portefoin, 16. Paris.

[1] Poinçon en os pour lequel nous avons été forcé de faire ce néologisme.

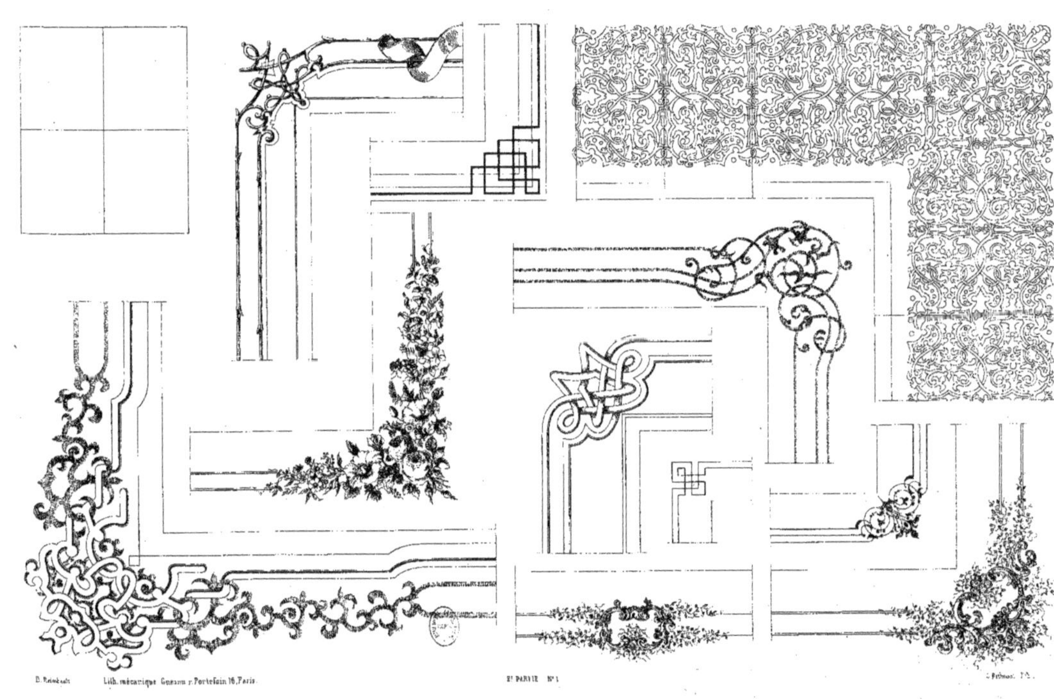

D. Reinhardt
Lith. mécanique Gussan r. Portefoin 16, Paris.
2ᵉ PARTIE Nº 1

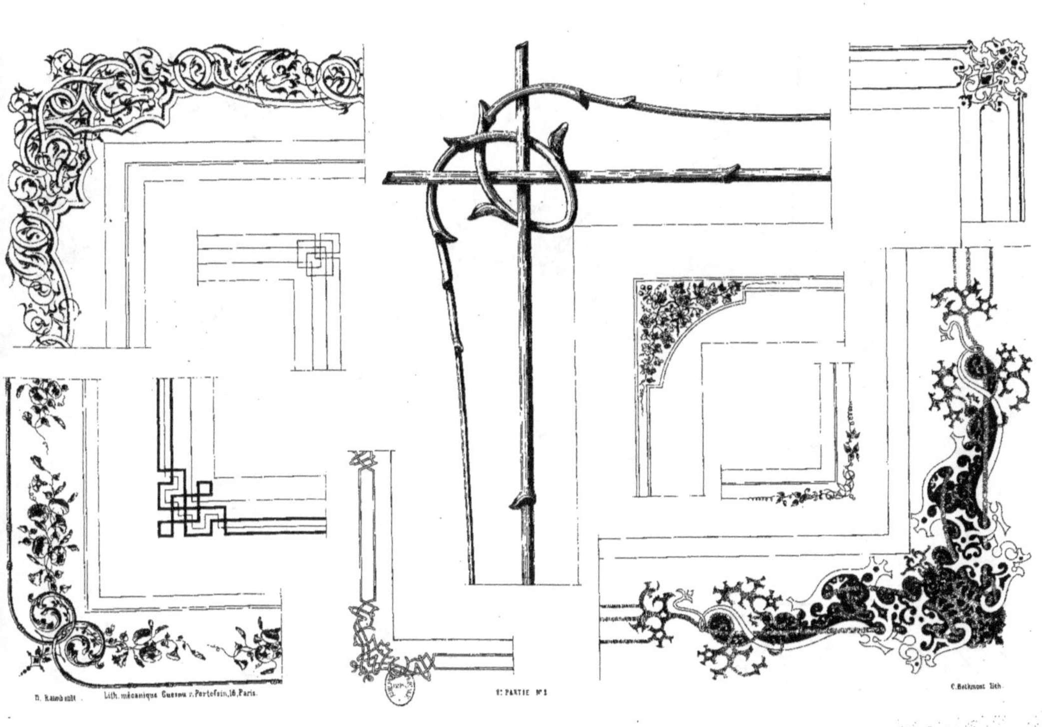

R. Raimbault.
Lith. mécanique Gusnou r. Portefoin,16,Paris.
1.ʳᵉ PARTIE N°1
C. Belkmont lith.

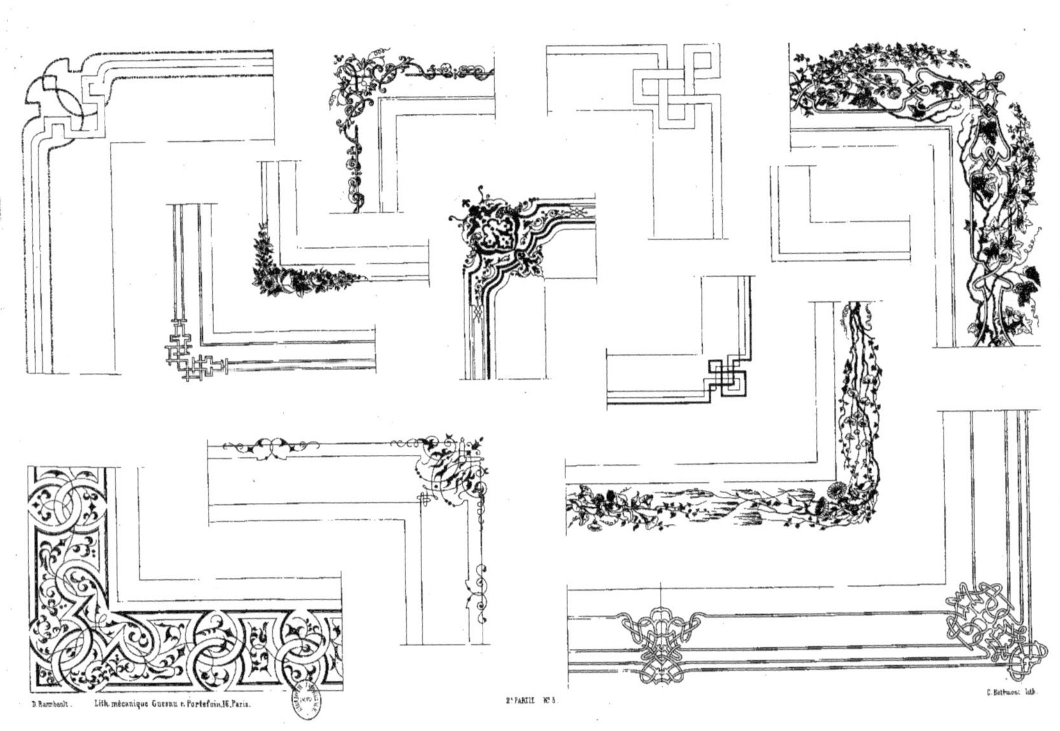

D. Rambault.
Lith. mécanique Guesnu r. Portefoin, 16, Paris.
2ᵉ PARTIE Nº 5.
C. Bethmont lith.

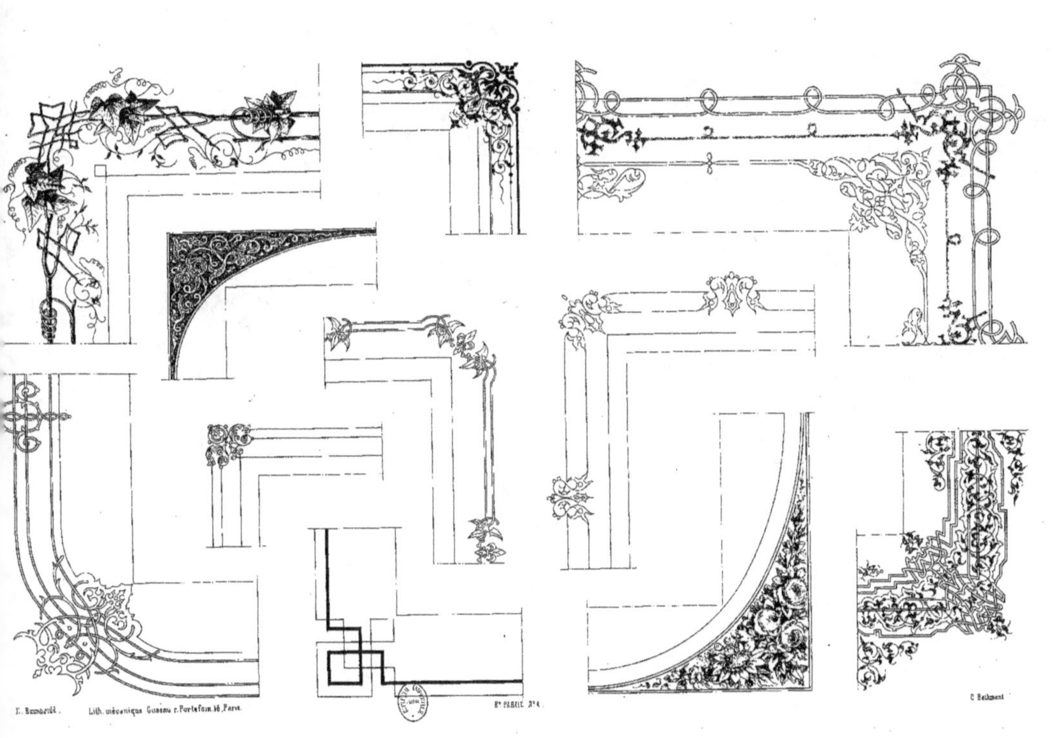

E. Bernhardt.   Lith. mécanique Guesnu r. Portefoin.16.Paris.   8e PARTIE. N° 4.   C. Bethmont

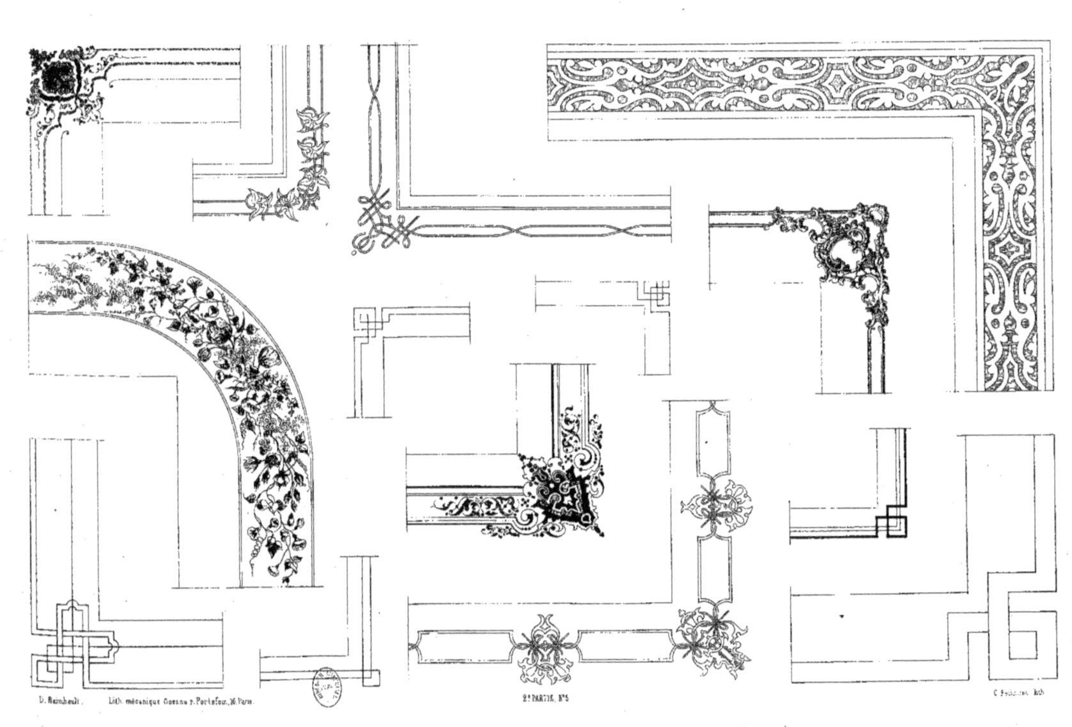

D. Raimbault. Lith. mécanique Guesnu r. Portefour., 16. Paris.

2.ᵉ PARTIE. N.º 5.

C. Fichot, lith.

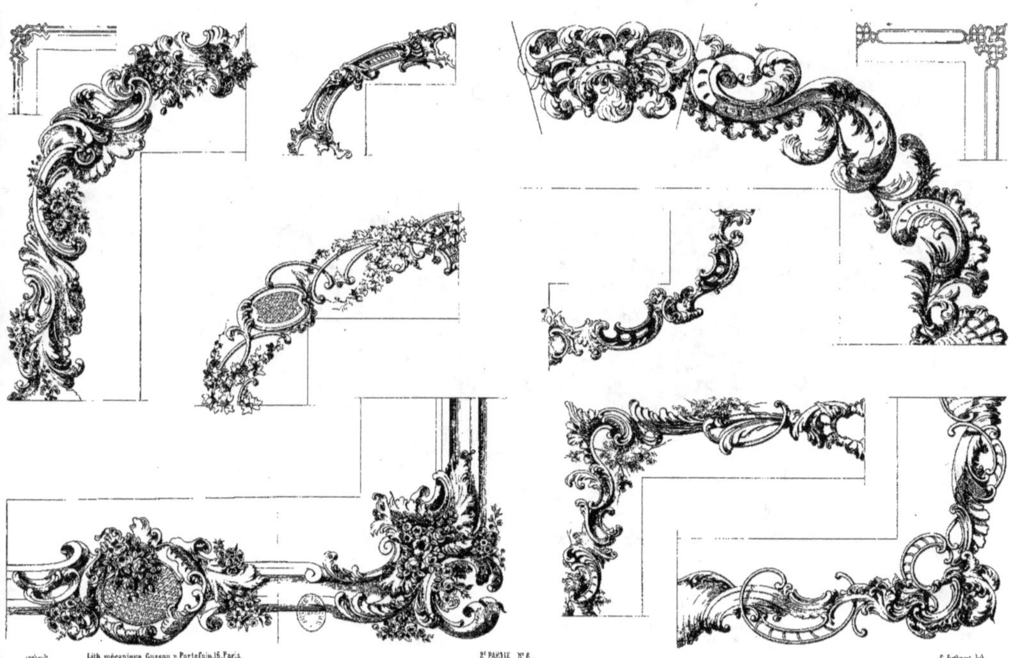

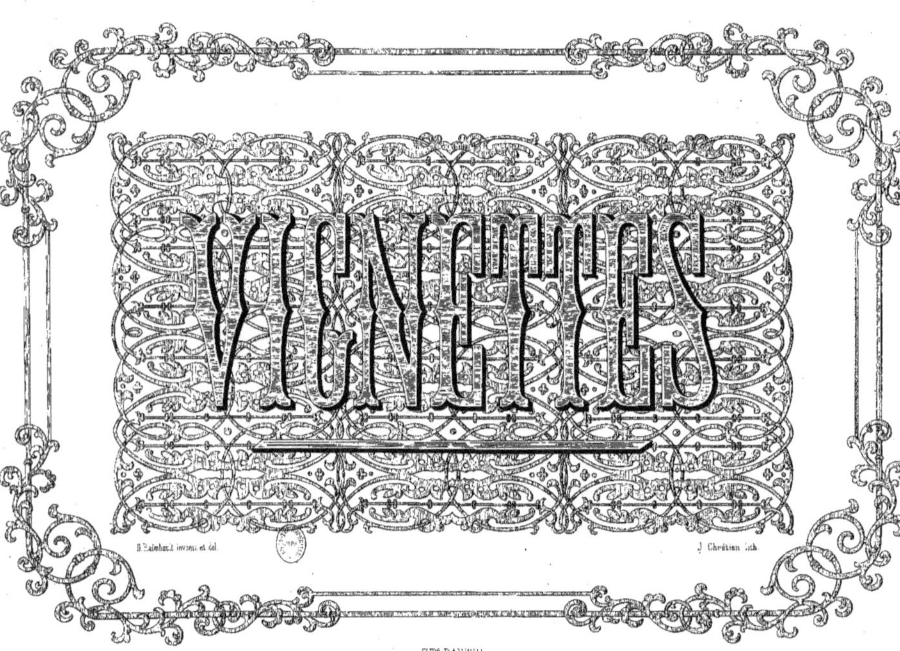

3me PARTIE.

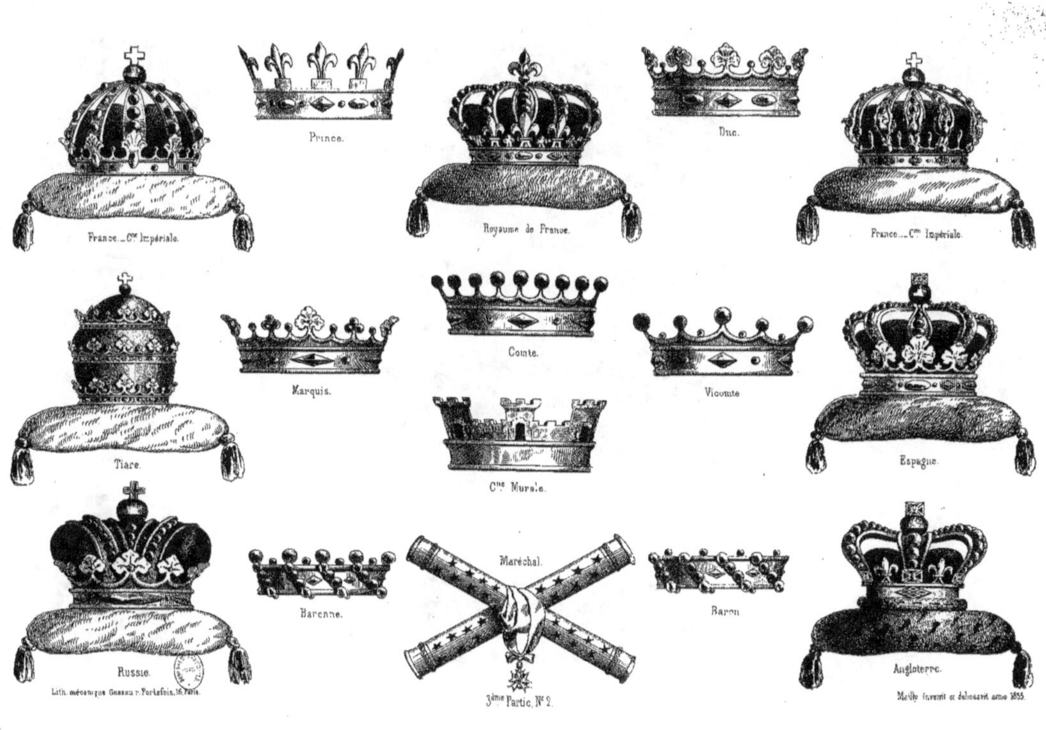

France...C.... Impériale.
Prince.
Royaume de France.
Duc.
France...C... Impériale.
Tiare.
Marquis.
Comte.
Vicomte.
Espagne.
C... Murale.
Russie.
Baronne.
Maréchal.
Baron.
Angleterre.
Lith. mécanique Gensse r. Fortefoin, 16. Paris.
3ème Partie. N° 2.
Mailly invenit et delineavit anno 1855.

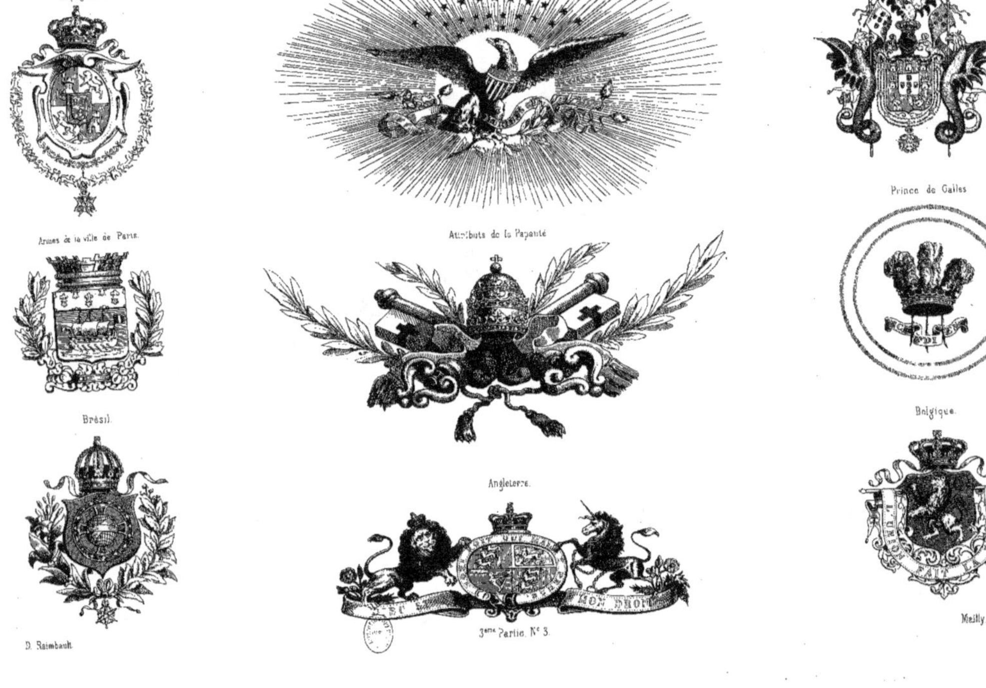

Espagne.
Etats-unis.
Portugal.
Armes de la ville de Paris.
Attributs de la Papauté
Prince de Galles
Brésil.
Angleterre.
Belgique.
DIEU ET MON DROIT
D. Raimbault.
3ème Partie. N° 3.
Mailly Lith.

O.Raimbault
3e PARTIE N° 4.
Mailly lith.

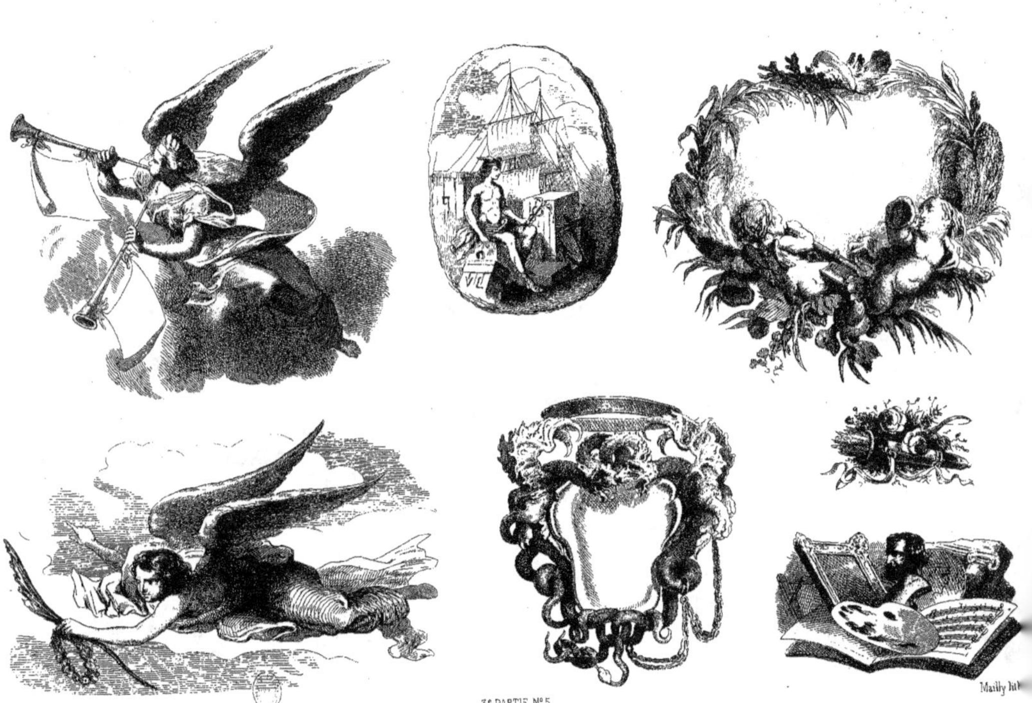

D.Raimbault
3ᵉ PARTIE Nº 5.
Mailly lith

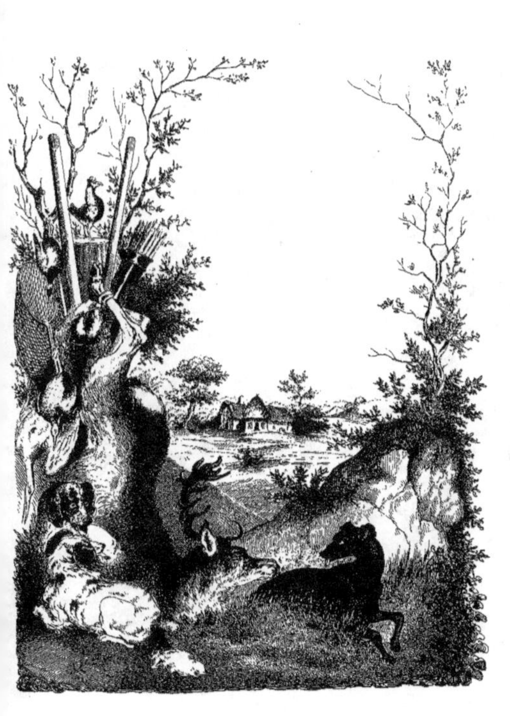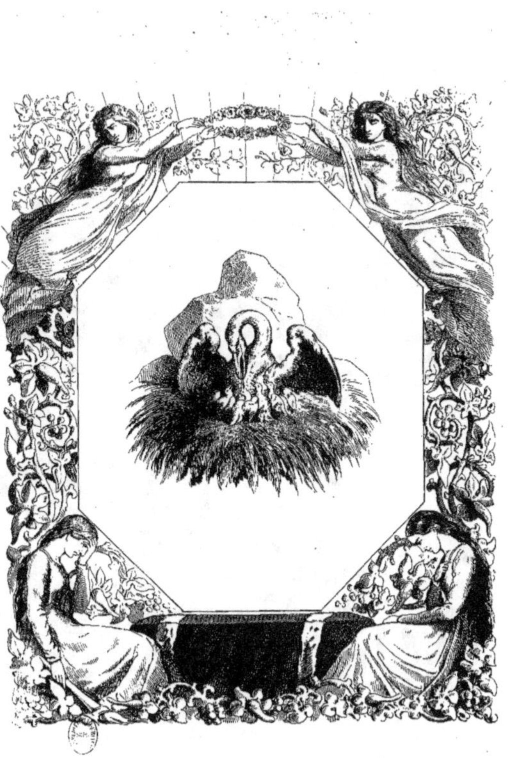

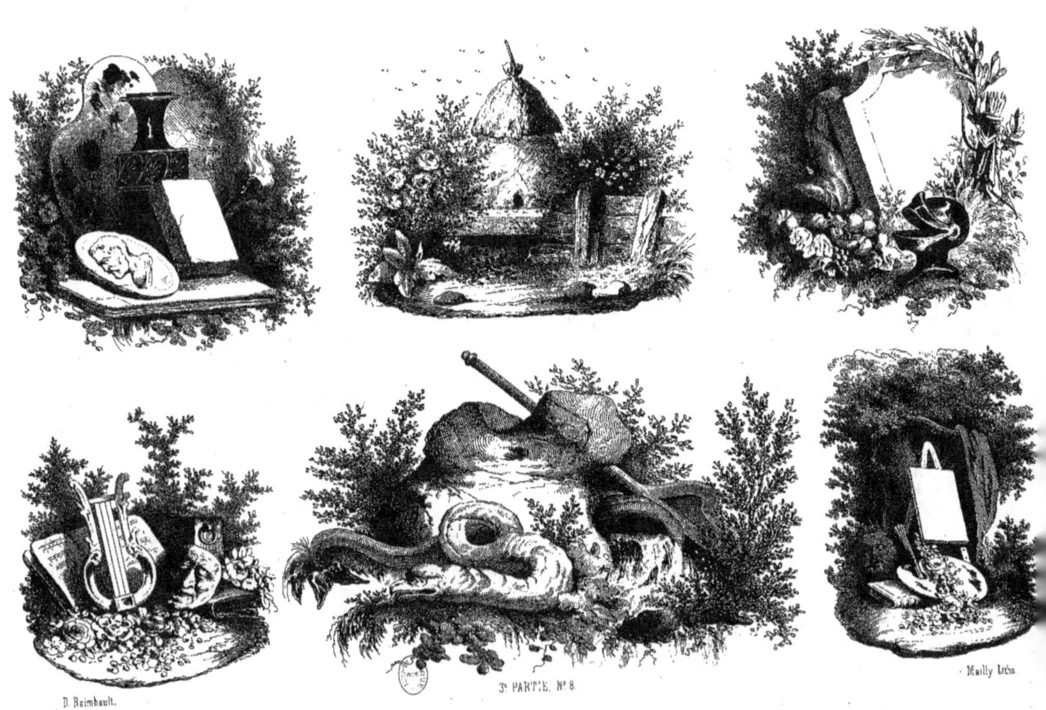

D. Raimbault.
3e PARTIE. N° 8.
Mailly Lith.

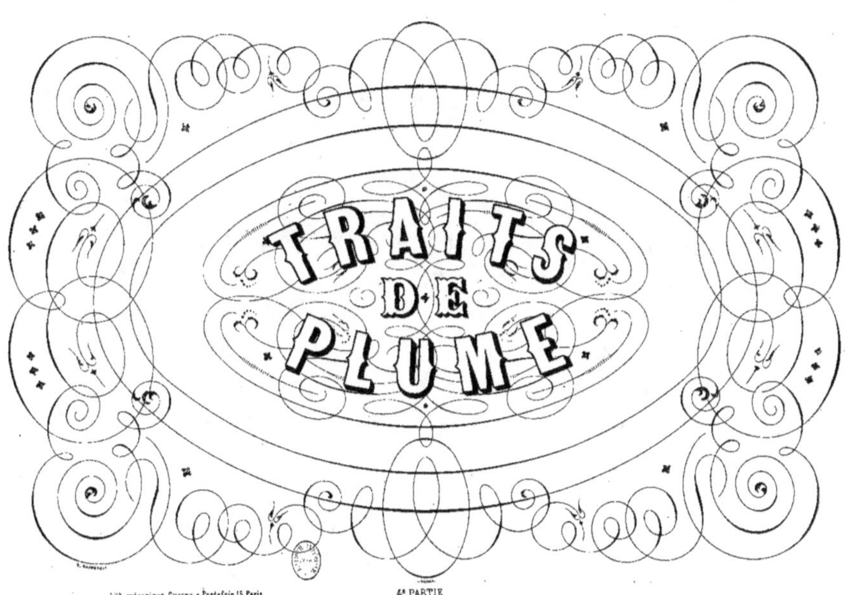

Lith. mécanique Ouesne r. Portefoin.15.Paris

4ᵉ PARTIE

Quatrième Partie

Les traits de plume que nous donnons ici offrent, à peu près, toutes les combinaisons que le besoin ou la fantaisie pouvaient leur faire su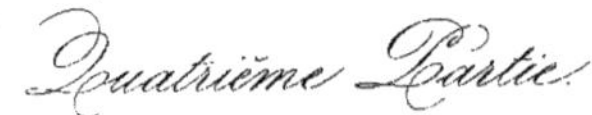. Nous sommes loin, toutefois, de prétendre qu'on les y trouve toutes, mais il n'est aucune des personnes qui se serviront de ces matériaux, qui ne puisse, avec de légères modifications, en trouver l'application dans quelque composition calligraphique que ce soit.

Après avoir tracé une ligne horizontale sur le papier, on compose les mots du texte, qu'on coupe exactement en deux par une perpendiculaire, après les avoir entièrement terminés à la plume. On regarde ensuite quel est le trait qui peut le mieux s'adapter; s'il se trouve un peu trop grand ou trop petit, on le modifie.

Il arrivera d'ailleurs rarement qu'on ait besoin d'avoir recours à ce moyen, attendu que les traits sont tous de grandeurs et de formes différentes et combinés pour les travaux dont on s'occupe le plus ordinairement.

Lorsqu'on s'en sert, il faut avoir soin que les lignes, la verticale surtout, coïncident parfaitement avec celles tracées sur le papier végétal.

Quant aux calques et décalques, les procédés à employer sont absolument les mêmes que ceux décrits dans le texte de la deuxième partie et c'est à ce texte que nous renvoyons nos souscripteurs.

D. Raimbault.　　Lith. mécanique Gueune r. Portefoin, 16 Paris.　　J. Chrétien Lith.

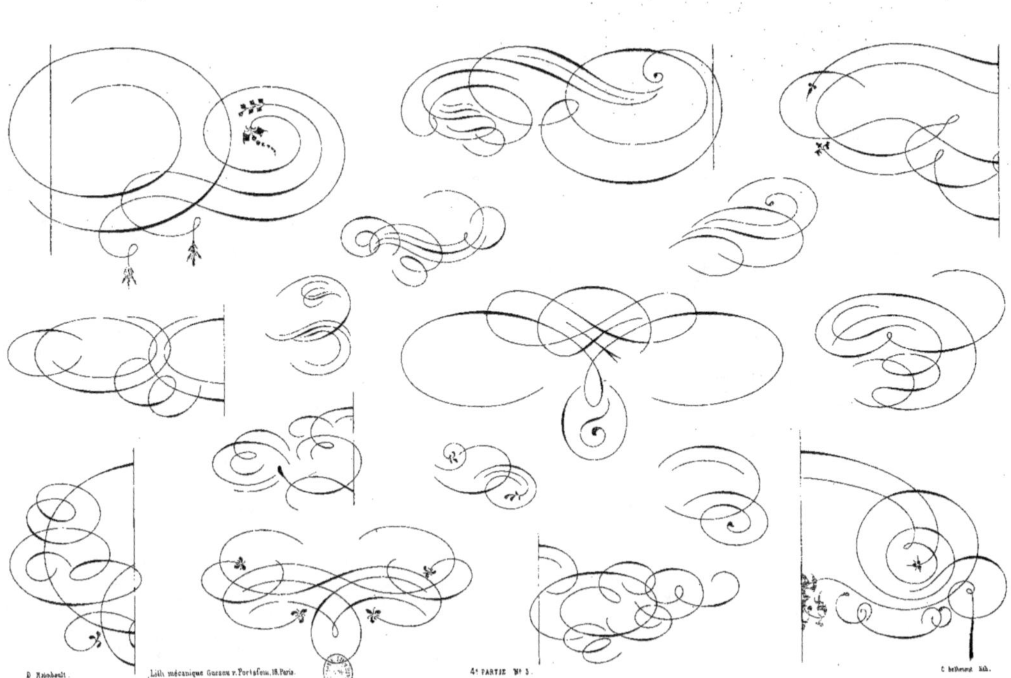

D. Reinhault.
Lith. mécanique Gaëaux r. Portefeux, 18, Paris.
4.e PARTIE N.o 3.
C. Delémont lith.

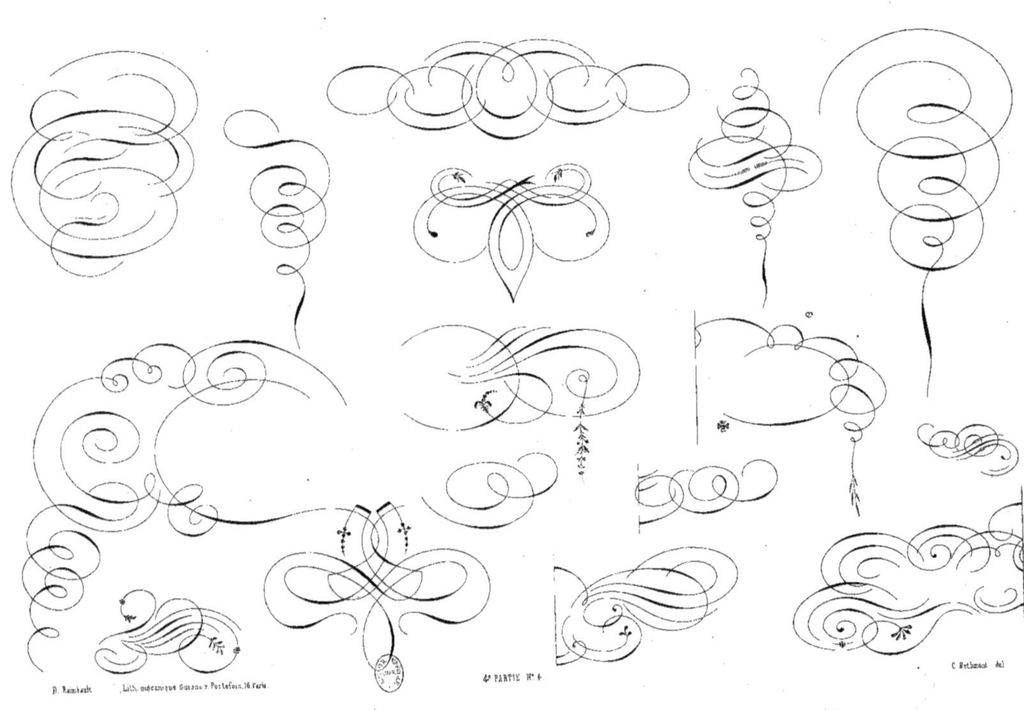

B. Raimbault
Lith. mécanique Gosseau & Portefoin, 16, Paris.
4e PARTIE No 4.
C. Rothacard del

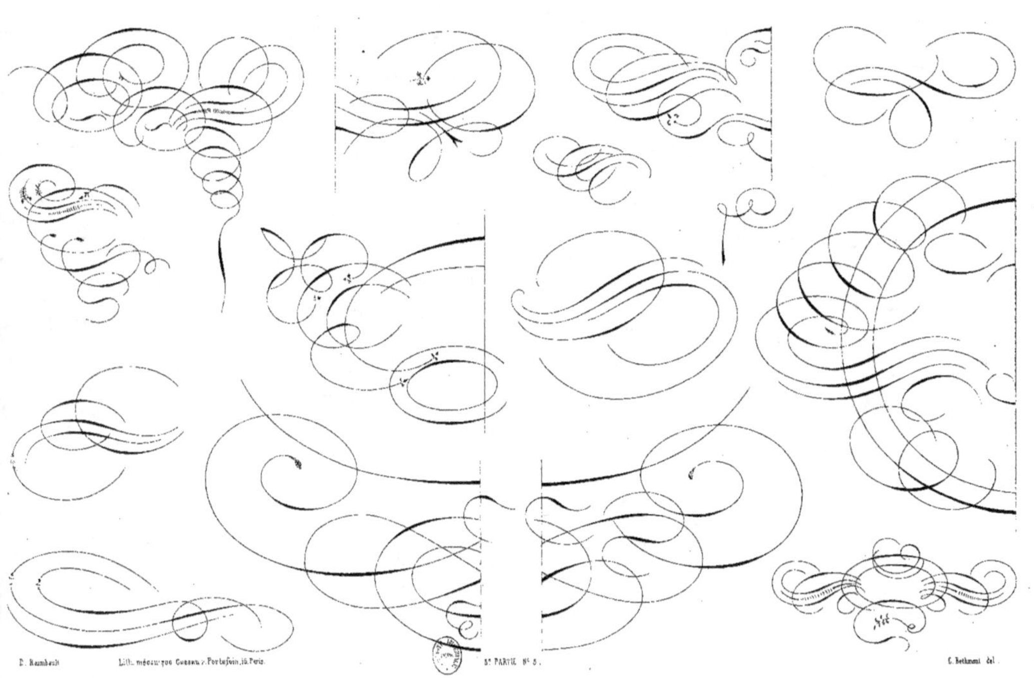
D. Rambault
Lith. mécan. rue Guénaud . Portefoin, 15. Paris.
3e PARTIE No 5.
E. Bethmont del.

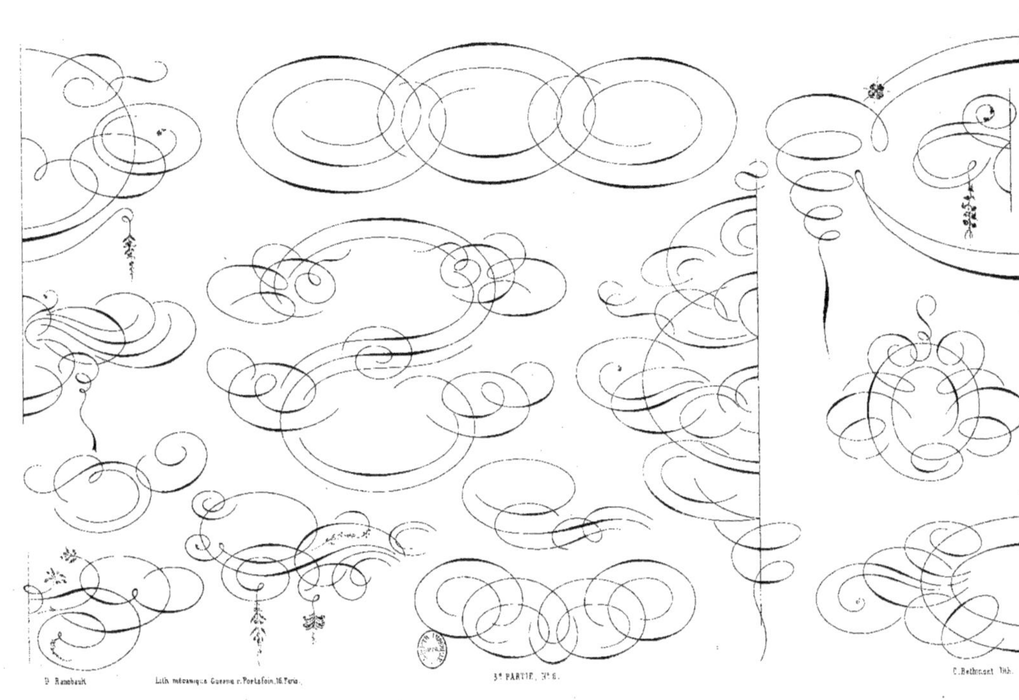

D. Rambault
Lith. mécanique Gueramt r. Portefoin, 16. Paris.
3ᵉ PARTIE. Nº 6.
C. Bethmont lith.

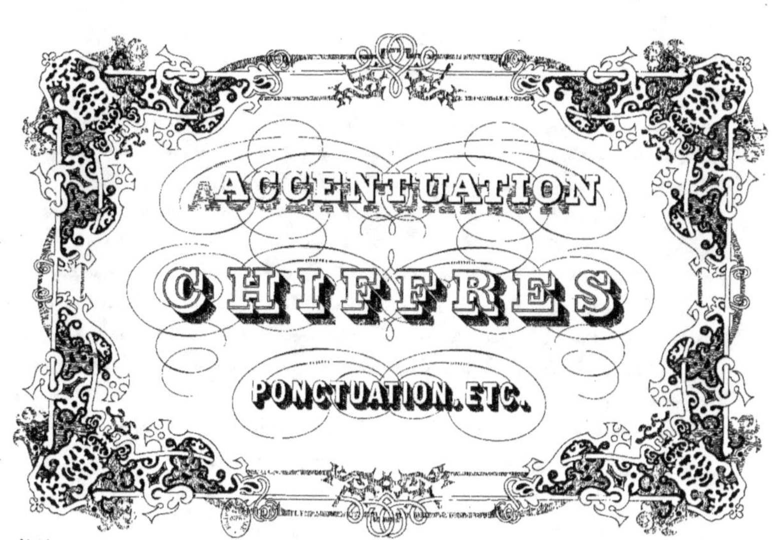

5e PARTIE.

Cinquième Partie.

Nous dirons peu de chose sur cette partie; nous nous sommes contenté de donner une collection aussi complète que possible, des différens genres de chiffres romains et arabes, d'accentuation, de ponctuation, etc., etc, Quoique peu usité nous avons cru devoir y joindre les chiffres appelés financiers,

Nous conseillons avant tout l'harmonie entre les différentes parties, N'employez donc pas des chiffres gothiques avec de l'anglaise, ou des chiffres de ronde avec du romain,

Quant aux rapports à observer entre eux et les textes, nous sommes persuadé d'avance que les détails descriptifs dans lesquels nous pourrions entrer ici ne pourraient être qu'oiseux. Les chiffres romains qui sont plus beaux et plus sévères que les autres, devront être préférés toutes les fois qu'on le pourra, en effet occupant beaucoup d'espace, il n'est pas toujours loisible de s'en servir. Il va sans dire que les observations que nous venons de faire s'appliquent naturellement à l'accentuation, à la ponctuation, etc, etc, Nous ajouterons avant de terminer, que tous les caractères romains, quelle que soit leur forme peuvent être employés dans la numération.

SIGNES, ABRÉVIATIONS et CHIFFRES.

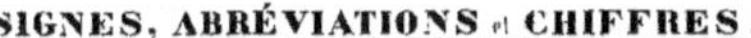

Ponctuation.

,	Virgule.
;	Point et virgule.
:	Deux points.
.	Point.
?	Point interrogatif.
!	Point exclamatif.
•••••	Points suspensifs.
—	Trait d'union.
( )	Parenthèses.
(( ))	Guillemets.
§ § § § §	Paragraphes.
✱	Astérisque.
••	Tréma.
'	Apostrophe.

Abréviations.

M.	monsieur.
MM.	messieurs.
Mme	madame.
Mlle	mademoiselle.
M^{e}	maître.
M^{d}	marchand.
Le S^{r}	le sieur.
S. M.	sa Majesté.
S. A. I.	son Altesse Impériale.
S. A. R.	son Altesse Royale.
S. É.	son Éminence.
S. Exc.	son Excellence.
S. S.	sa Sainteté.
C.-à-d.	c'est-à-dire.
N°.	numéro.
N. B.	nota bené.
P. S.	post-scriptum.
Ex.	exemple.
Etc.	et cætera.
T. S. V. P.	tournez s'il vous plaît.

Numération.

	Chiffres Arabes.	Chiffres Romains.
Un	1	I.
Deux	2	II.
Trois	3	III.
Quatre	4	IV.
Cinq	5	V.
Six	6	VI.
Sept	7	VII.
Huit	8	VIII.
Neuf	9	IX.
Dix	10	X.
Vingt	20	XX.
Trente	30	XXX.
Quarante	40	XL.
Cinquante	50	L.
Soixante	60	LX.
Soixante-dix	70	LXX.
Quatre-vingts	80	LXXX.
Quatre-vingt-dix	90	XC.
Cent	100	C.
Deux cents	200	CC.
Trois cents	300	CCC.
Quatre cents	400	CCCC.
Cinq cents	500	D ou I⊃.
Six cents	600	DC.
Sept cents	700	DCC.
Huit cents	800	DCCC.
Neuf cents	900	DCCCC.
Mille	1000	M ou CI⊃.
Mille cinq cents	1500	MD.
Deux mille	2000	MM ou II^{m}.

Signes mathématiques.

un	unité.
D.	demande.
R.	réponse.
P.	problème.
—	moins.
+	plus.
×	multiplié par.
∜ ou 28 ≻ 7.	28 divisé par 7.
=	égal à.
p^{r} $\frac{0}{0}$.	pour cent.
x	terme inconnu.
N^{r}.	numérateur.
D^{r}.	dénominateur.
D. C.	dénominateur commun.
:	est à.
::	comme.
÷	progression arithmétique.
÷÷	progression géométrique.
√	racine carrée à extraire.
∛	racine cubique à extraire.

Chiffres financiers.

i ou *j*	1
ij	2
iij	3
ib	4
b	5
bj	6
bij	7
biij	8
ix	9
x	10
xij	12
xb	15
xx	20
xxb	25
xl	40
l	50
lxb	65
lxx	70
lxxx	80
xc	90
c	100
ijc	200
ibc	400
bic	600
bijc	700
g	1000
gbc	1500

& **&** &

1234567890

& **&** &

1 2 3 4 5 6 7 8 9 0

1234567890

1234567890

1234567890

1234567890

1234567890

12345678 90

1234567890

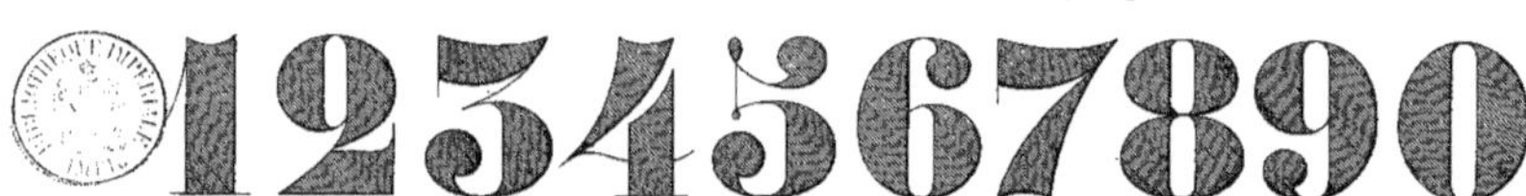

1234567890

1234567890

1234567890

1234567890

1234567890

1234567890

1234567890

1234567890

1234567890

1234567890

1234567890

1 2 3 4 5 6 7 8 9 0

D. Raimbault — Lith. mécanique Gueneu r. Portefoin.16, Paris. — 5ᵉ PARTIE N°2 — C. Bethmont lith.

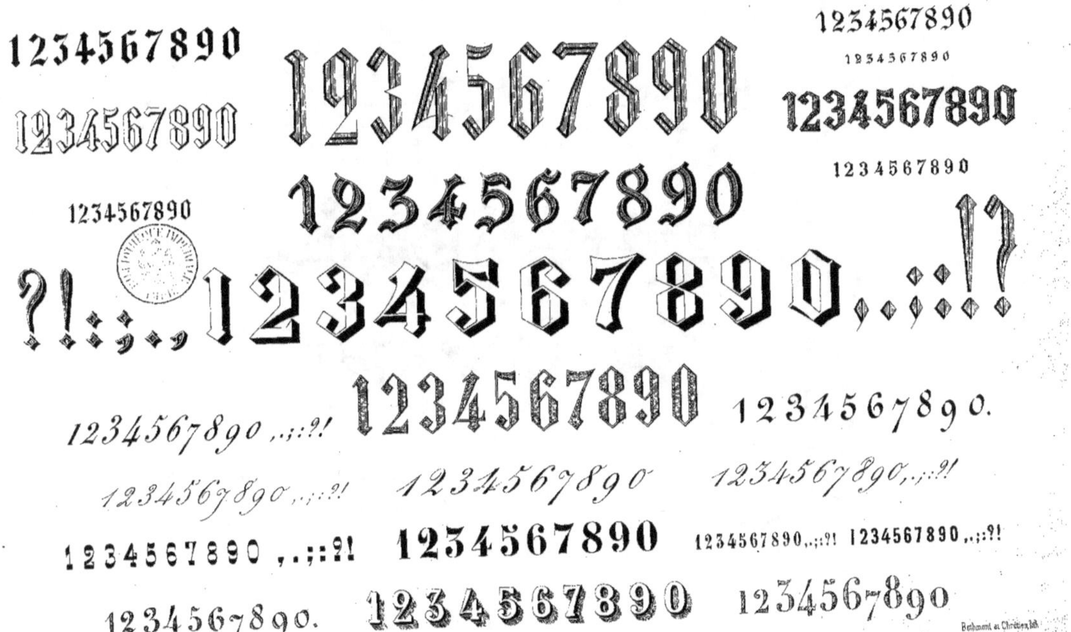

1234567890

1234567890

1234567890

1234567890

1234567890

1234567890

1234567890

1234567890

1234567890

?!.;.., 1234567890,.;:!?

1234567890

1234567890 .,;:?!

1234567890

1234567890 o.

1234567890

1234567890 ,.;:?!

1234567890 ,.;:?!

1234567890 ,.;:?!

1234567890 ,.;:?!

1234567890

1234567890 .,;:?!

1234567890

1234567890

1234567890 o.

1234567890

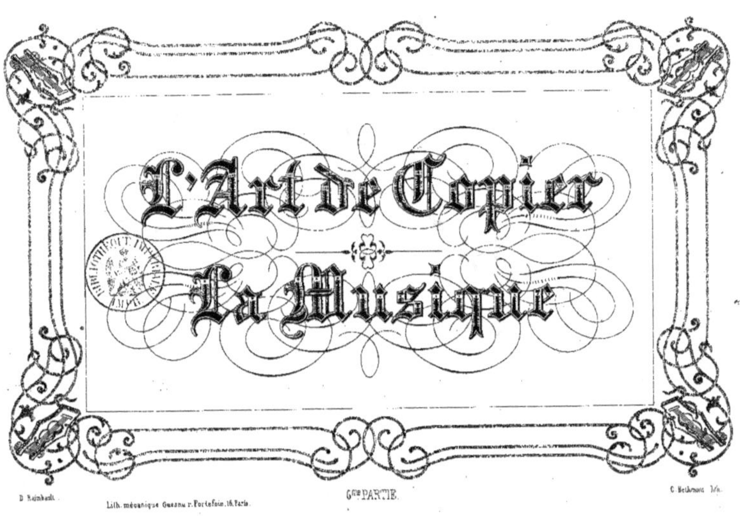

L'Art de Copier
La Musique
D. Raimbault
Lith. mécanique Gueuau r. Portefoin. 16. Paris.
6me PARTIE.
C. Bethmont lith.

Sixième Partie.

À une époque où tant de personnes s'occupent de Musique, nous avons osé être agréable à celles qui l'étudient, en leur donnant quelques avis pour la bien copier. Disons tout de suite que nous n'admettons l'emploi de la griffe que pour la copie usuelle, vu les inconvénients qu'elle présente. Nous en signalerons seulement deux : 1° il arrive souvent qu'une ou plusieurs branches ne marquent pas, et il est difficile, disons presque impossible de reprendre les lignes manquées au premier coup ; 2° si l'espace que vous avez à couvrir de notes est resserré, il faut que vos portées soient fines et rapprochées ; or comment obtenir ce résultat avec un instrument souvent imparfait et d'une forme déterminée ? Une bonne règle, un compas et de bonnes plumes d'oies, voilà ce que nous conseillons. Servez-vous pour tracer vos portées, d'encre de Chine un peu pâle, elle a l'avantage de faire détacher les notes qui doivent être écrites avec de l'encre très-noire.

La Musique de luxe ne peut guère se copier que par les procédés indiqués pour tout ce qui regarde notre ouvrage. Quant à l'autre, on se pénétrera bien de nos modèles. Nous croyons avoir donné les indications les plus nécessaires ; nous ajouterons avant de terminer ces observations, que les notes, signes, clés, etc, doivent toujours être proportionnés et en harmonie avec les portées qui seront plus ou moins grosses et espacées, selon les circonstances. On aura soin que toutes les lignes verticales coupent bien les horizontales à angles droits.

D. Raimbault.   Lith. mécanique Guesnu r. Portefoin, 16 Paris.

J. Chrétien, Lith.

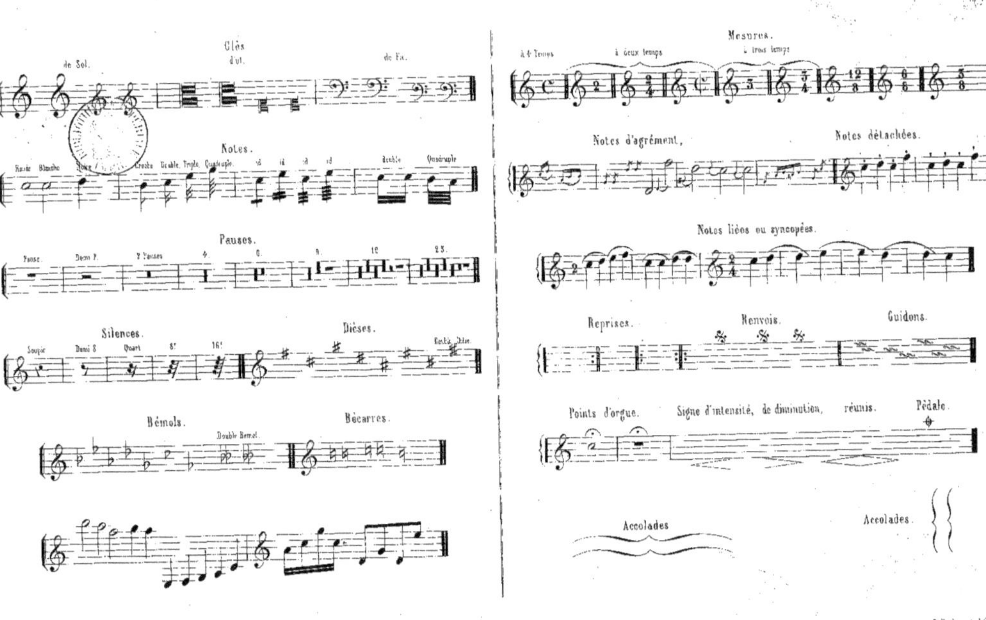

D. Raimbault   Lith. mécanique Gosson r. Montaigne,16. Paris.   6e PARTIE N°1.   C. Bethmont lith.